Criminalidade no Brasil

Um Desafio Humanista

Juliano Mattos
Janeiro de 2017

Título: Criminalidade no Brasil: Um Desafio Humanista
Autor: Juliano Mattos
Capa e diagramação: Juliano Mattos
Primeira edição: Janeiro de 2017

Às vítimas de todas as formas de violência

"Num mundo que prefere a segurança à justiça, há cada vez mais gente que aplaude o sacrifício da justiça no altar da segurança. Nas ruas das cidades são celebradas as cerimônias. Cada vez que um delinquente cai varado de balas, a sociedade sente um alívio na doença que a atormenta. A morte de cada malvivente surte efeitos farmacêuticos sobre os bem-viventes. A palavra farmácia vem de phármakos, o nome que os gregos davam às vítimas humanas nos sacrifícios oferecidos aos deuses nos tempos de crise."

Eduardo Galeano

Sumário

A problemática da criminalidade

Quem nunca cometeu um crime que atire a primeira pedra.

O lançador deste desafio em praça pública certamente seria alvejado por todos os lados. As pessoas auto-identificadas como *cidadãos de bem* jamais admitirão ter cometido um crime; é desconcertante a ideia de propensão a atos ilícitos. Também é possível que estejam sendo sinceras na sua negação, já que podem realmente não ter consciência de todos os crimes que eventualmente cometeram. Há uma diversidade enorme de delitos identificados no código penal que podem ser cometidos diariamente sem que os autores deles se apercebam. Os delitos estão separados por diversos níveis de gravidade. Todos estão sujeitos a algum tipo de punição que não implica necessariamente o encarceramento. Há punição por meio de multas, de trabalho voluntário, etc. Como é evidente, a grande maioria das pessoas não tem conhecimento amplo do código penal e normalmente ignora uma série de condutas enquadradas criminalmente. Porém, as pessoas sabem que já cometeram algum crime ao longo da vida. Podem não saber de todas as suas infrações, mas decerto conhecem algumas. E mais: cometeram-nas conscientemente, sabendo que estavam violando a lei. Por mais que atirem pedras a quem lance o desafio, no seu íntimo sabem que não são tão inocentes.

Num hipotético exercício de honestidade, de confessionalidade, essas pessoas se julgariam criminosas por terem cometido delitos? De todos os níveis de condutas ilegais, onde elas estabeleceriam o limite entre a infração desagravada e a criminalidade consequente? Considerando que entre atravessar uma avenida fora da faixa de pedestre e assassinar uma pessoa há um número gigantesco de delitos que se diferem pelo menos em gravidade e intencionalidade, a identificação desse limite não é assim tão pacífica e consensual. Num cenário de medo generalizado, violência sectária e nervos à flor da pele, como no caso do Brasil (ou de várias áreas do país, nomeadamente as urbanas), é bem possível que certos pequenos delitos – comportamentos historicamente estigmatizados, como o consumo de maconha – sejam encarados com rigor e grandes delitos sejam cometidos por quem sempre se antecipa a pedir mão pesada aos criminosos. Uma das mais decisivas características psicológicas coletivas da população brasileira é o desequilíbrio emocional na hora de debater o delicado problema da criminalidade no país. Estamos muito longe de estabelecer um ambiente concertativo propício para o desenvolvimento de uma abordagem que se quer fria, racional e necessariamente científica. O tema é tão grave que talvez seja o maior desafio que atualmente se impõe aos brasileiros. Suas implicações são tão variadas que praticamente abarcam todas as áreas de estudo das ciências sociais e econômicas e do Direito. Mas sobretudo implica a atuação de indivíduos equilibrados e capacitados de discernimento.

O crime como hipótese latente

Após uma espécie de introdução, farei uma drástica guinada na narrativa por meio de uma confissão: eu já cometi crimes. E o digo com a serenidade de quem sabe que o leitor, seja quem for, também cometeu. E que provavelmente cometemos crimes semelhantes, enquadrados da mesma forma. Isto é uma certeza derivada da própria complexidade da nossa vida em sociedade. É impossível vivermos dentro dela sem infringir suas leis.

Mas vou mais longe: já cometi um crime passível de prisão. E quase fui preso, não fosse a providencial intromissão de algumas pessoas.

Certa feita, lá pelos já longínquos idos de 1995, quando eu tinha doze anos e residia no condomínio Parque Diamante no bairro Ponto Novo, em Aracaju, descobri uma nova forma de *diversão*: vitimar vidraças e portas de prédios com pedradas. Eu tinha um comparsa que também residente no condomínio. Seu nome era irrelevante, já que todos o chamavam de Animal em função do seu jeito meio retardado e espalhafatoso de ser (nas *peladas* da rua ele era um tão autêntico carniceiro que faria qualquer zagueiro truculento tê-lo como ídolo). Durante várias noites seguidas fomos à *rua de trás* (que era como chamávamos uma rua que ficava do outro lado dos prédios perfilados ao longo da via principal do condomínio, junto à qual vivíamos) para tentar descaradamente espatifar as entradas dos prédios com pedregulhos que encontrávamos pelo chão. Agíamos como se apenas brincássemos inocentemente, com total despreocupação. Era uma nova modalidade de diversão aventureira e exploratória que nos levava às traseiras do condomínio, um cenário pouco conhecido por nós, onde poderíamos sentir adrenalina longe das pessoas que nos conheciam. Tínhamos noção de que aquilo era errado, mas não da sua gravidade. Após acertar em cheio os alvos, corríamos satisfeitos, protegidos pela escuridão da noite, e regressávamos ao *quartel-general*. Imaginávamos que a fuga nos livrava do que poderia ser no máximo alguns sermões. Até que em uma das fugas a galope fui alcançado por um morador enquanto desdenhava do perigo reduzindo a velocidade, enquanto ria da correria tresloucada de Animal, que contornava a esquina desaparecendo das vistas. Fui erguido pelos cabelos pelo indivíduo que, por azar, era policial militar. Logo uma pequena multidão se acumulou e a decisão de todos era chamar a Febem. Só o nome da instituição era aterrorizante. Naquele momento, tudo o que eu ouvira falar dela ao longo dos anos, entre fatos e mitos, começou a latejar no meu cérebro, que por sua vez ativou as torneiras e cascatas escorreram pelo meu rosto. Chorei copiosamente, esperneando, fazendo o maior *papelão* de que me lembro, enquanto todos à minha volta me lançavam palavras impiedosas. Até que reconheci entre aquelas pessoas o irmão de um amigo e o implorei para que fosse chamar a minha mãe ou a minha tia. Essa história ficaria marcada no condomínio e tive de aceitar todas as chacotas posteriores. Durante praticamente toda a infância tive de aturar piadinhas e comentários sobre os atributos físicos das duas e após o ocorrido passou-se a falar na vizinhança que a beleza delas – que foram juntas me resgatar – foi o que fez com que o policial e as demais pessoas tivessem desistido de me enviar à Febem.

Perguntado sobre motivações, não consegui encontrar uma resposta. Eu realmente não sabia o que me havia metido naquela *brincadeira*. Todos concluíram, portanto, que fora uma derrota do meu time, o São Paulo, na semana anterior. Estavam equivocados, mas como aquela conclusão parecia fazer todos mais compreensíveis no trato reservado a mim, deixei que acreditassem naquilo. Até tentei fazer-me também acreditar na explicação improvisada. Parecia uma saída por cima, admirável, como se a revolta só demonstrasse o grande amor pelo tricolor paulista. Poucos meses depois eu já havia virado casaca, tonando-me gremista.

Consequências? Nenhuma. Minha família não me impôs nenhum castigo. No dia seguinte eu já estava de volta à rua para brincar normalmente. Já Animal, que conseguira

19

fugir no momento do crime, foi impedido de sair de casa durante vários dias. A verdade é que o policial o havia visto antes que ele contornasse a esquina e eu, sob tenebrosas ameaças que repetiam o nome daquela instituição de menores, revelei sua identidade. Depois alguém tratou de avisar a sua mãe.

Como eu era muito jovem, o passar de poucos dias fizeram com que as chacotas alusivas ao evento já nem me incomodassem. Eu até gostava que falassem dele porque parecia todo um feito rebelde que me revestia de coragem. Nunca compreendi o que realmente me levara a fazer aquilo. Nunca mais o fiz. Mas às vezes penso no que me poderia ter acontecido caso eu tivesse sido enviado à Febem. Caso eu nela tivesse passado um período de detenção. Teria sido molestado? Teria conhecido a criminalidade consequente de perto? Teria entrado na vida do crime? Quantas tragédias humanas não terão surgido a partir de pequenos atos como atirar pedras a uma porta? O que a sociedade teria a dizer sobre transformar adolescentes em psicopatas em suas instituições de *ressocialização*? Ou em seus guetos e bolhas de exclusão? O Parque Diamante era um condomínio de classe média (baixa), não era uma favela. Não havia violência e pobreza extrema. Todos estudávamos (alguns em escolas particulares), habitávamos em apartamentos razoáveis, tínhamos *videogames* e passávamos a vida jogando futebol. Não havia nada que pudesse indicar desvios

20

comportamentais graves. Se eu tivesse ido parar à Febem e posteriormente me tivesse transformado em um bandido perigoso, de quem teria sido a culpa? Da minha família, que sempre me deu liberdade? Minha, por não ter tido força mental?

Eu escapei. Não digo que foi um grande feito, porque não havia nada que favorecesse a criminalidade. A tendência era escapar. Creio que todos escaparam. Ou quase todos, admitindo a possibilidade de haver desvios mesmo em ambientes inclusivos. Havia um amigo que frequentava a minha rua, jogava futebol comigo e até chegou a frequentar a minha casa. Era conhecido por Tartaruga em função de um problema de coluna que o mantinha curvado e encolhido. Apesar de frequentar o Parque Diamante, ele era residente de um entorno de classe baixa e excluída. Contudo, nunca houve nada em sua conduta que indicasse desvios graves. Até que um dia o vi na televisão confessando ter assassinado com cinco tiros o vendedor de um quiosque por causa de um cachorro-quente. Embora eu sempre tenha achado que cresci longe da morte, ela parece ter sempre rondado à minha volta sem que eu me apercebesse. Não que eu tivesse corrido riscos, mas ela estava lá representada por pessoas com quem eu me relacionava. Mas e quanto aos ambientes excludentes? Como podemos julgar tão friamente os desvios de indivíduos que cresceram à mercê da decadência? Não se trata de justificar nada. É apenas a constatação de que a criminalidade pode surgir a partir de pequenos desvios que são agravados pela exclusão social e/ou pelos métodos de punição. Não me sai da cabeça que eu poderia ter sido um criminoso. Poderia estar preso. Poderia já estar morto. Meus pequenos atos ilícitos e meus pequenos desvios comportamentais nunca foram punidos pela minha família e, no entanto, segui um rumo bem distante do crime. Mas e quem se deixou envolver por ele? E quem, por algum motivo, deixou de ser uma criança inocente e brincalhona e se tornou um bandido cruel ou um psicopata?

O que quero dizer é que eles, os que entraram na vida do crime, também são seres humanos. Fizeram escolhas erradas. Na maior parte dos casos, como todos os estudos sérios sobre o tema mostram, foram escolhas fatalmente condicionadas pela realidade na qual se desenvolveram. Ainda assim, foram escolhas. Existe uma decisão final que cabe ao indivíduo. Essa decisão está claramente dependente de uma força individual a que muitos de nós não são capazes de manter a todo instante. Todos temos desequilíbrios e é deveras assustador perceber que bastaria um conjunto de situações propícias para transformar esses desequilíbrios em algo muito mais grave e definitivo. Os criminosos, nomeadamente os homicidas e latrocidas, são seres humanos como nós, os *inocentes*. Não são monstros abomináveis. Pode ser desconfortante, mas temos de reconhecer que qualquer um poderia estar na pele de um criminoso, e que não estamos porque felizmente os arranjos da nossa vida não permitiram. Não digo isto para absolver bandidos, mas porque reconhecer humanidade num criminoso é fundamental para o desenvolvimento de políticas punitivas eficientes. E mais do que isso, tal reconhecimento é fundamental para a criação ou ampliação de políticas públicas de inclusão e mitigação da pobreza. O problema é complexo e delicado. Há muitas dúvidas, muitas contradições e talvez pouca esperança. Contudo, afirmo sem qualquer receio uma grande certeza: o problema da violência não poderá ser superado sem a redistribuição de renda. Ponto. Desafio qualquer pessoa a provar que a criminalidade não é consequência direta da pobreza e da falta de oportunidades efetivas. Como sei que ninguém conseguirá responder a este desafio satisfatoriamente, chego a uma conclusão bastante segura: a sociedade é a grande responsável pela criminalidade e pelo ambiente de insegurança a que estão expostos os seus cidadãos. Encerrar a culpa nos indivíduos mentalmente fracos é uma forma covarde de isentar toda uma dinâmica social fabricante de situações propícias ao desenvolvimento de comportamentos desviantes. As políticas repressivas são um completo fracasso, mas continuam sendo a prioridade das elites políticas atreladas a interesses particulares opostos às ideias de justiça social. A promoção das ideias repressivas fez enorme sucesso num país em constante apreensão e desgastado pelo medo. É por isso que a esmagadora maioria da população é a favor da maioridade penal ou até da pena de morte. Vale lembrar também que grande parte se mostra orgulhosamente favorável a métodos de *justiceirismo* popular que trata a criminalidade – ou a suspeita dela – pela *Lei de Talião*. As políticas sociais são pouco abrangentes, mantendo ambientes de exclusão que germinam criminalidade. As soluções encontradas são imediatistas, a curto prazo, e se limitam à repressão física e ao encarceramento em instituições carcomidas e totalmente descapacitadas. O resultado é a guerra social de média intensidade que há décadas faz do Brasil um dos países mais perigosos do mundo e líder absoluto em número de homicídios. Se a repressão e *o justiceirismo* popular tivessem eficácia, o cenário teria de ser outro. Mas, em vez disso, são apenas agravantes de todo o cenário. Quanto mais o discurso da vingança e da *violência de bem* se difundir, mais as tensões serão potencializadas. Esta é uma evidência cristalina que pessoas corroídas pelo ódio não conseguem ver. Demagogos profissionais como Jair Bolsonaro aproveitarão para retirar dividendos políticos do ódio difuso da população, mas nunca conseguirão resolver o problema com seus métodos. É importante que pessoas desequilibradas e sem responsabilidade moral não façam parte de um debate que se quer obrigatoriamente sério, racional. Como bem diz uma canção do *rapper* Emicida, é muito fácil se orgulhar de uma honestidade que nunca foi posta à prova.

Afinal, o que são os Direitos Humanos?

Ao contrário do discurso rasteiro de quem não estuda a questão, os direitos humanos funcionam todos os dias para qualquer cidadão. Todos somos protegidos socialmente pela noção desses direitos e juridicamente pela aplicação legal da sua assimilação. Todas as garantias legais de que dispomos na vida em sociedade são amostras deles. Todo o Estado de Direito é baseado nisso. Elimine os direitos humanos e teremos a barbárie. A noção de que a relação de punição à criminalidade deve estar fundamentada num pressuposto legal que contemple os direitos fundamentais é uma preciosidade que demorou séculos para ser construída e não pode ser descartada por arroubos de ódio acumulado. Quando abordamos o tema da criminalidade, devemos compreender que os direitos humanos não são uma brecha através da qual bandidos são ilibados e desfrutam de impunidade. Aliás, os direitos humanos são responsáveis até pelo reforço do entendimento de certos atos como sendo criminosos. Ou seja, ele é fundamental ao cidadão que necessita de segurança para viver com dignidade. Como os direitos humanos são um conjunto de garantias à condição humana, ele contempla todas as pessoas e é um mecanismo de mediação das complexas interações das sociedades. Como tal, incluem também as relações jurídicas e é aqui que há toda a confusão que faz com que muitos aceitem discursos vazios e demagogos que acusam os direitos humanos de proteger bandidos.

Se há algo que os direitos humanos protegem, é a civilidade. Também o bom senso, a racionalidade, a razoabilidade. Mas sobretudo ele existe para proteger a vida. O discurso obscurantista que ganha terreno num Brasil atordoado pelos próprios nervos diria que um estuprador é favorecido pelos direitos humanos que lhe garantem a vida e um julgamento adequado. Para quem engole esse discurso, o estuprador deveria ser prontamente morto, se possível com linchamento popular. O que essas pessoas não percebem é que as vítimas – ou potenciais vítimas – de estupro têm a garantia de que estupro é crime exatamente em função da interpretação legal da noção de direito à integridade física. Ou seja, entendemos o estupro como crime porque os direitos humanos, em última análise, assim o estabeleceram. Vale lembrar que infelizmente há muitos lugares no mundo onde os direitos humanos ainda não tiveram aplicabilidade e a violação sexual é uma prática socialmente aceite. Refiro-me ao estupro por ser um crime hediondo, mas podemos pensar em outros. O importante é que as pessoas tenham a noção do valor dos direitos humanos antes de saírem repetindo discursos irresponsáveis potencialmente favorecedores do aumento da violência.

Os direitos humanos são aplicados aos bandidos simplesmente por eles serem humanos. Por mais que o discurso que os transforma em monstros abomináveis seja atraente do ponto de vista da integridade do orgulho da espécie humana, os criminosos, mesmo os mais cruéis e sanguinários, continuam pertencendo à nossa espécie e é até perigoso considerá-los criaturas não humanas, porque assim criamos uma distinção entre *nós* e *eles,* quando ela não existe: *ser* humano é uma condição invariável, ninguém simplesmente *está* humano como se pudesse deixar de estar consoante seus comportamentos. Hitler era um ser humano e não uma criatura de uma qualquer espécie assassina. Stalin também era humano. Temos de reconhecer que somos todos passíveis de comportamentos criminosos mediante certas condições sociais e psicológicas. E também mediante vícios de poder – e não apenas poder político. O assassino estuprador de hoje já pode ter sido uma criança feliz e pacífica no passado. Saber identificar o que aconteceu no percurso para que ele tenha sido tão drasticamente desviado do que entendemos por uma convivência saudável e inclusiva é uma das questões fundamentais para compreender esse tema delicado da criminalidade. Aliás, é a única maneira de tentarmos resolvê-lo. Toda a brutalidade da leitura moderna do Código de Hamurabi só garantirá mais violência sectária. O Brasil tem o quarto maior contingente carcerário do mundo. A esperança média de vida dos criminosos é baixíssima. Eles não duram muito.

São mortos ou pela polícia ou por outros criminosos (o que mostra que os direitos humanos não os protegem assim tanto). As prisões têm um obsoleto modelo de punição negativa que não passa da pura vingança e não tenta estabelecer programas efetivos de reabilitação. Resumindo: não existe esse cenário de impunidade generalizada no país. Os bandidos normalmente pagam com a vida a sua atuação criminosa e isso não tem garantido de forma alguma uma melhoria nas condições gerais de segurança. É por isso que os programas sociais (o *Welfare State*, o Estado Social) são importantes: eles são o primeiro passo para romper com o círculo vicioso da pobreza que gera criminalidade. O Brasil possui tantos criminosos não porque a sua população tem altos níveis de psicopatia inata, mas simplesmente porque os ambientes de exclusão social são por excelência determinantes para o aflorar desse transtorno. Qualquer um de nós poderia ter um desvio desses se fôssemos submetidos a certas condições comprovadamente propícias. Por outro lado, os países escandinavos não são pacíficos apenas porque a sua população tem uma perfeição psicológica invariável. A diferença é que nesses países os direitos humanos avançaram de tal forma que garantem amplamente a dignidade dos cidadãos através de condições de vida que não desviem ninguém para o crime. A criminalidade é muito menos um caso de polícia e muito mais um caso sociológico e psicológico. Ou seja, as condições favoráveis à geração de comportamentos criminosos são casos sociológicos e psicológicos. A consequência desses comportamentos, nomeadamente o crime, é que é caso de segurança. São dois níveis de abordagem. Ainda há um terceiro nível, o punitivo, que é caso de justiça. Todos esses níveis da problemática devem estar igualmente sujeitos aos direitos humanos para que o tratamento seja feito sem ferir o Estado de Direito fundamental à organização social. Aplaudir chacinas em prisões é ser conivente com a violência. Uma sociedade que não reconhece o mal poderá também facilmente não reconhecer a distinção entre culpa e inocência, podendo disseminá-lo como prática de justiça subjetiva de indivíduos incapazes de discernir sobre seus próprios comportamentos. Quando alguém me diz que eu não teria esse discurso caso alguém da minha família fosse vítima de um assassino, dou-lhe razão. É verdade! Se alguém assassinasse uma pessoa da minha família, eu certamente iria querer vê-lo morto. Possivelmente iria querer tratar pessoalmente de tirar-lhe a vida, para me vingar na mesma moeda. E é exatamente por isso que numa situação dessas eu nunca poderia ser juiz. E também não teria condições de abordar o problema da criminalidade até que regressasse ao meu equilíbrio mental. O que quero dizer e que me parece evidente é que a justiça não pode ser tratada com emoção. Os instrumentos legais devem ser geridos pela razão. Decerto podemos discorrer sobre todas as falhas do sistema judiciário (afinal ele está sujeito a muitos jogos de interesses), mas ainda assim ele é a melhor forma de lidarmos com a criminalidade sem perdermos a decência e a humanidade e sem corrermos o risco de viver sob a lei da selva e de perder as noções de certo e errado. Não existe violência boa nem violência justa. Quem a utiliza contra um criminoso está se colocando ao nível dele. Os direitos humanos existem para que sejamos humanos no entendimento mais sublime que a designação da nossa espécie possa ter.

Por trás dos discursos de ódio

Para começar, é preciso que todos entendam que *ninguém* defende bandido. Reconhecer a necessidade de garantir o Estado de Direito não significa defesa efetiva de criminosos. Isto deveria estar absolutamente digerido por todas as pessoas que por algum motivo decidem participar no debate sobre o tema da criminalidade. Deveria ser a mais pacífica das conclusões. Mas não é. Por mais que nos expliquemos quanto a essa questão, as pessoas que assimilaram os discursos demagogos continuam repetindo exaustivamente que os bandidos são defendidos pelo *pessoal dos direitos dos manos*. Parece-me gravíssimo desdenhar dos direitos humanos a ponto de a referência a eles ser feita com esse trocadilho insensato. No Brasil, os métodos punitivos são obsoletos e comprovadamente ineficazes. Para quem é adepto de uma *boa vingança*, de uma *carnificina de bem*, não há nada melhor do que o cenário atual. Embora haja toda uma retórica que se alimenta na ideia de que o Brasil é o país da impunidade, a verdade é que as pessoas ligadas ao crime violento não têm uma esperança média de vida prolongada. Estão condenados pelo inevitável destino de atuar perigosamente. Cometer crimes continua não sendo um bom negócio para quem não possui grandes fortunas. A cultura de violência e de vingança defendida pelos

Bolsonaros da vida é um agravante de todo o caos social de uma sociedade que tem 160% de lotação dos seus presídios e uma desigualdade socioeconômica obscena. Não teremos reais melhorias na segurança sem uma mudança de paradigmas quanto à distribuição de renda. A realidade é implacável quanto a isso.

Entretanto, tanto quanto agravar a situação, os discursos de ódio escondem algo tenebroso: o total vazio argumentativo. Os indivíduos que os propagam não estão minimamente interessados em atuar no sentido de procurar soluções concretas e razoáveis para o problema. Seu interesse é meramente imediatista e emocional, não passando de um desabafo agressivo. Perante a gravidade da situação, os desabafos são até compreensíveis; as pessoas estão cansadas de tanta insegurança e atrocidade. No entanto, eles nunca poderão configurar contributos para o desenvolvimento da questão. Desabafos não têm valor científico e não têm aplicabilidade jurídica. Só alguém desprovido de lucidez pode acreditar que os discursos de ódio servem para substituir séculos de estruturação do Direito. Por mais absurdo e surreal que possa parecer, a maioria das pessoas parece acreditar no valor superior dos discursos de ódio sobre o Estado de Direito. Convencem-se disso diariamente enquanto se negam a pensar. O exercício dispendioso de *queimar neurônios* desenvolvendo linhas argumentativas parece não ter a atração de um bom desabafo que parece tirar pesos das costas e desobstruir a respiração. Negar-se a pensar é um direito. Ninguém deve ser obrigado a se recolher à consciência e passar horas tentando construir argumentos coerentes. No entanto, essa desobrigação tem suas implicações. Uma delas é a incapacidade do indivíduo que não pensa de participar do debate sobre um problema complexo. Preferindo o desabafo instantâneo, ele não terá como contribuir positivamente na resolução do que quer que seja e deveria saber retirar-se para não atrapalhar. Todavia, o que acontece é exatamente o contrário: os que se negam a pensar são justamente os que mais querem se impor nas discussões. O poder atrativo de frases raivosas de efeito, sempre com o apelo justiceiro, é intoxicante. O que poderá agarrar-se mais às mentalidades enferrujadas, a máxima *bandido bom é bandido morto* ou uma extensa e enfadonha argumentação erudita toda gongórica? Perante um população que se nega a pensar mas que arrogantemente exige respostas imediatas e simplistas, o que poderá ter mais sucesso que o carisma mórbido dos propagandistas do ódio?

Dentro de uma sociedade que se pretende democrática – uma democracia bem duvidosa, diga-se –, é insustentável que o povo não participe ativamente na resolução dos seus problemas. É do vital interesse do cidadão comum que ele esteja capacitado intelectualmente para poder exercer a sua cidadania. Mas num país em que a educação é tão mal tratada, tal cenário torna-se quase utópico. A maioria das pessoas não quer contribuir; quer respostas simples a perguntas fundamentadas em pura demagogia. Eis alguns exemplos da negação à racionalidade:

E se um bandido matasse a sua mãe?

Eu queria ver como ficaria essa sua conversa de direitos humanos se alguém estuprasse a sua irmã.

Quer defender bandido? Vá visitá-lo na cadeia. Quer sustentar bandido? Doe seu dinheiro para ele ou o adote.

Quer dar liberdade para bandido? Então me dê a liberdade de ter uma arma.

Acha que bandido é coitadinho? Adote um quando ele sair da cadeia.

Direitos Humanos servem única e exclusivamente para defender criminosos.

Direitos Humanos defendem a nossa liberdade? Então por que me proíbem de ter uma arma?

Direitos Humanos só servem para encher o bolso de advogados e ativistas.

Todos esses exemplos são reais e preenchem diariamente o espaço do que deveria ser uma troca de argumentação séria. Ora, quem se limita a esse nível rasteiro está realmente interessado em colaborar? Ou estará apenas tendo uma postura lamentavelmente nefasta que só serve para alimentar rivalidades inúteis? Só com a negação da própria racionalidade uma pessoa pode não perceber a armadilha contida nesses desabafos. A resposta às perguntas retóricas são extremamente fáceis, embora talvez pouco satisfatórias para quem defende a vingança como política pública: como já disse, caso alguém violasse a minha irmã ou matasse a minha mãe, eu perderia a cabeça. Sairia do meu estado de consciência e me tornaria uma pessoa perigosa. É quase certo que tentaria vingar-me com as próprias mãos, fazendo o criminoso pagar da pior forma pelo seu crime. E é exatamente por isso que eu deveria ser afastado das decisões inerentes à punição a ser aplicada ao criminoso. A simplicidade da resposta comprova que quem fez a pergunta não se interessou em avançar além de um nível inicial de pensamento. O nível mais básico, mais elementar. Um nível que é apenas um ponto de partida, enquanto querem fazer dele um ponto de chegada. É dramático querer transformar introduções em conclusões, mas é exatamente isso que têm feito do alto de uma boçalidade cacofônica.

Todos nós que temos o privilégio de sentar numa poltrona confortável dentro de um quarto bem ambientado, com o bucho cheio de comida suculenta acessível a todo instante, deveríamos sentir a obrigação de desenvolver pensamentos mais aprofundados antes de participar de debates sobre questões socialmente imprescindíveis. Problemas complexos exigem soluções complexas. A alternativa razoável é não atrapalhar. Mas as pessoas preferem dar um contributo negativo quando falam muito e não têm nada a dizer. Defendo a participação popular nas questões vitais da organização social. Meu modelo desejado de democracia é o popular, em que os instrumentos de decisão estejam verdadeiramente sob o controle do povo e em que as comunidades tenham voz ativa e consequente. Tenho total aversão a ambientes elitistas que se utilizam de tecnocracia ideologicamente comprometida para decidir acerca da vida pública. Esse tipo de questão *deve* ser discutido com o povo e não estar limitado a gabinetes fechados. E é exatamente por isso que defendo um comprometimento se preciso obsessivo com metas educacionais. Uma sociedade séria e equilibrada, que poderá ser chamada talvez de democrática, é a que incentiva genuinamente os seus cidadãos à instrução para que possam ser membros ativos do desenvolvimento coletivo. Vejamos o que é a realidade brasileira em relação a isso para termos noção da gravidade da situação. Talvez não baste o conhecimento empírico porque bem sabemos que as pessoas que vivem em ambientes de exclusão também absorvem os discursos de ódio. O atual cenário de polaridade política que se acometeu sobre o Brasil oferece pouco espaço para a razoabilidade, de forma que os elementos demagogos e populistas desfrutam de ampla aceitação e encontram espaço para a propagação das suas ideias. Mas analisando-as objetivamente, regresso à constatação inicial: os discursos de ódio carregam o vazio. Não oferecem nada além da possibilidade de alívio imediato por meio de desabafos inconsequentes. Não há nada concreto advindo desses discursos. Perante eles, poderei repetir centenas de vezes que não tenho nenhum interesse em defender bandidos e ainda assim serei acusado de os defender. Pessoas que nunca se preocuparam em entender o que são os direitos humanos irão chamá-los de *direitos dos manos* achando que estão empreendendo algum tipo de raciocínio genial, e estarão tão intoxicados pelo orgulho da própria ignorância que não se darão conta da bizarrice que apregoam. Perante um problema tão grave, é triste que as pessoas não se sintam verdadeiramente estimuladas pelo desafio de unir esforços para encontrar soluções, preferindo a limitação de clichês e frases de efeitos já tão ultrapassadas. Atuar contra os direitos humanos é como ser um cachorrinho agitado ladrando contra os direitos dos animais. É um tiro num escuro tão profundo que os impede de ver que estão apontando para o próprio pé.

O peso de uma arma

Uma das pautas defendidas pelos adeptos dos discursos de ódio é o direito ao porte de armas. Em primeiro lugar, deixo claro que não sou nenhum entusiasta do Estado como monopólio da violência. A própria existência de Estado é, para mim, questionável. No campo das ideias, defendo que preferencialmente o Estado seja abolido e substituído pela interação cooperativa comunitária. Minhas preferências quanto à organização da sociedade são claramente influenciadas pelos teóricos anarquistas do século XIX e XX. Defendo que todo o avanço da humanidade deve fatalmente chegar a algum estágio de anarquismo num futuro distante. No entanto, acredito que esse caminho longo é percorrido diariamente com cada pequeno passo. Estamos avançando lentamente. Às vezes até parece que recuamos, que retrocedemos. Mas a tendência continua sendo o progresso. Sem a busca pela utopia, não caminhamos. E não caminhar é morrer. Precisamos seguir em frente.

Mas deixo os devaneios ideológicos de lado. Debruço-me sobre uma realidade implacável que não tem oferecido grandes aberturas ao romantismo das ideias. Nesse cenário de guerra social de média intensidade, falar em liberalização de armamentos é mais que insensato; é tétrico. É falta de lucidez. É tentar sobrepor ideologias à realidade como se elas a substituíssem perfeitamente. Muitos falam da Suíça. Há discursos irresponsáveis que comparam realidades distintas como se o que existisse numa fosse aplicável a outra. Provavelmente a Suíça teve menos casos de criminalidade violenta nos últimos cem anos do que o estado de São Paulo na última semana. Conheço a Suíça e conheço quase todos os países europeus. Mesmo os mais problemáticos são incomparáveis com a realidade brasileira. São quase mundos diferentes, com exceção de certas bolhas de exclusão e de conflitos étnicos.

Qual a verdadeira intenção dos adeptos das armas? Defenderem-se? Acreditam mesmo que estão capacitados para isso? Acreditam que ter uma arma basta? E mais importante: acreditam que estão isentos de desvios comportamentais e que não correm o risco de cometer os seus próprios crimes?

O que aconteceria num cenário de todos contra todos? O que o dito *cidadão de bem* que tem muito a perder teria a ganhar se pudesse armar-se para fazer frente à criminalidade de indivíduos experientes que nada têm a perder?

O Brasil é um país amedrontado, onde as pessoas têm os nervos à flor da pele. Um país em que pequenas brigas de bar ou de futebol acabam em morte com certa frequência. Quem garante que o cidadão comum dará sempre bom uso a uma arma? Quem garante que não a disparará contra a pessoa errada? Quem garante, aliás, que terá coragem de disparar contra um bandido? Falar em posse de arma de fogo em discussões na Internet é muito fácil, mas na hora do perigo, quando a morte ronda e assobia nos ouvidos, não é como um jogo violento de *videogame*. Sabem o que é matar alguém? Teriam coragem de matar um bandido? Conseguiriam depois viver com a lembrança? Quando não estão sujeitos à situação podem dizer o que bem quiserem com base na vontade pessoal imediata e não na experimentação. Não se deve subestimar o peso de uma arma, que talvez seja o mesmo do de uma consciência comprometida pela culpa. O Brasil não tem condições de liberar a posse de armamento e fazê-lo seria uma autêntica tragédia. Ou alguém acredita que a eventual paridade oriunda da distribuição de armamento pela população estabeleceria algum tipo de *paz de cemitério* ou de *guerra fria* em que todos se respeitassem mutuamente e relutassem na hora de avançar? O povo brasileiro está cansado e, infelizmente, não quer pensar. Quer que surja um guru fajuto para dizer coisas sem nexo e sem responsabilidade. Vedetas da demagogia e do populismo que sabem que podem tirar dividendos políticos do desequilíbrio popular. Em lugar nenhum do mundo esse tipo de vedeta conseguiu transformar positivamente a realidade violenta. Pelo contrário. A história está cheia de

47

exemplos trágicos. Desconfio de que os defensores da posse de arma tenham intenções não tão inocentes assim: pensar em vingança contra bandidos pode ser um grande passo para a consumação de um ato que é, inequivocamente, criminoso.

Diminuição da maioridade penal: construir mais vias diminuirá o trânsito?

O Brasil é, tradicionalmente, o país do mediatismo e do apelo emocional. Vários países o são. Mas o Brasil tem um quê especial no assunto, algo que provoca ainda mais precipitação: a gritante incapacidade de discernimento da esmagadora maioria da população.

O analfabetismo funcional impera. É até preferível chamá-lo *analfaburrismo* devido à total negação em reconhecer as lacunas intelectuais. Dizer isto sempre soará arrogante, mas é uma evidência. A verdade é que há pouquíssima gente capacitada para discernir acerca de questões mais complexas e reconhecer – e lamentar – essa situação não é ser arrogante, mas corajosamente realista. Mais uma vez entramos no problema da grotesca ineficácia da educação brasileira, que não está estimulando ninguém a pensar de forma equilibrada mediante a utilização dos mecanismos intelectuais de que dispomos. Para assuntos complexos precisamos de respostas complexas, e tal as desenvolvermos é fundamental que tenhamos capacidade intelectual. Caso contrário, aceitaremos explicações simplistas que, além de ineficazes, podem ser muito perigosas.

A maioridade penal é um assunto deveras sensível por resultar da criminalidade praticada por menores de idade. Aliás, por crianças e adolescentes – a campanha atual flexibiliza bastante a condição de menor.

Um estudo bem conhecido do *Datafolha* apontou que 93% dos paulistanos são a favor da redução da maioridade penal, o que já era de se esperar quando entregamos uma questão tão sensível e complexa a uma população tão amedrontada, embrutecida, emocionalmente desequilibrada e intelectualmente despreparada. Não que ser a favor dessa redução confira atestado de burrice a alguém. De fato há muita gente inteligente e pensante que se posiciona – a meu ver equivocadamente – a favor dela. Mas é inegável que a esmagadora maioria da população não tem capacidade para tecer comentários relevantes a respeito e desconfio muito de que as cabeças pensantes que defendem tal causa não sejam provenientes das fileiras conservadores e autoritárias da esfera política brasileira, gente que não tem nenhuma sensibilidade social.

O que de fato mudaria com a redução da maioridade penal? Os menores de idade deixariam de cometer crimes – que é o que supostamente desejamos – ou apenas reforçariam o contingente carcerário brasileiro, atualmente o quarto maior do mundo? A resposta me parece óbvia, sobretudo se observarmos a dura realidade. Os criminosos adultos deixam de cometer crimes por estarem incluídos na idade penal? E os criminosos menores de 16 anos, como ficam? Vamos começar a reduzir gradualmente a maioridade penal até chegar aos 12? Talvez 10?

Há várias questões importantes e uma delas é: até quando a sociedade vai achar que o atual modelo de punição prisional é producente e sustentável? Antes de começarmos a bradar *justiceirismo* histérico pelos quatro ventos deveríamos alicerçar um pouco o debate. A população carcerária brasileira é a quarta maior do mundo com cerca de 500 mil presos, mas sua situação é muito mais grave que a da Rússia, apesar desta ter 800 mil. A diferença está na capacidade dos presídios. Enquanto na Rússia há 84% de lotação, no Brasil ela chega a 166%. Há muito mais presos do que o que seria comportado pela totalidade dos estabelecimentos prisionais, deteriorando ainda mais o ambiente no interior (e no exterior) deles.

E aqui entramos na questão da insustentabilidade das políticas punitivas. Enquanto o Brasil não perceber que a punição não deve ser, necessariamente, negativa, tudo continuará igual. Esta abordagem em particular levanta os cabelos dos sedentos por vingança e dos que acham que não deve haver direitos humanos para criminosos. Se dependesse deles, haveria pena de morte já! Os que não conseguem controlar o próprio desequilíbrio emocional devem ficar bem longe de questões que requerem a mínima calma e lucidez.

Falar em punição positiva não é falar em impunidade, embora o calor das discussões ou mesmo a desonestidade intelectual não permitam o desenvolvimento da ideia. Subverter uma ordem tão enraizada é complicado, especialmente quando ela está bem alicerçada por condições socioeconômicas e culturais gravíssimas, dentro e fora das prisões.

O que seria, então, uma punição positiva? É praticamente senso comum conceber a prisão como algo que deve ter, invariavelmente, caráter vingativo, fazendo o condenado pagar da pior forma pelo seu crime. Assim, esquecemos de que um condenado submetido às condições desumanas das prisões brasileiras tende a ser uma pessoa perdida para sempre. Isso pauta a insustentabilidade da punição negativa. A punição positiva só seria possível com a mudança de paradigma, algo muito complicado face ao ruído do ódio e do desequilíbrio emocional, à falta de discernimento e razoabilidade de quem se debruça sobre a questão e à realidade brasileira a todos os níveis. Falar hoje de recuperação de criminosos é intolerável dentro dos debates superficiais moldados pelo mediatismo e pela total falta de orientação lógica. Mas um país que pretende desenvolver-se e aproximar-se do que há de mais avançado no mundo não pode ignorar esta questão. Os criminosos condenados devem ser punidos positivamente com programas de recuperação. Só assim as políticas prisionais podem ser consideradas verdadeiramente eficazes. Caso contrário, será sempre uma tragédia humana, tanto para a vítima como para o condenado.

No entanto, não podemos esquecer os casos de psicopatia. Mas o curioso é que nos tentam realmente convencer de que ela é uma *doença de pobre*. Sim, nos tentam convencer disso! Ora, parece mesmo que a psicopatia é contagiosa e se propaga dentro dos ambientes de pobreza onde as pessoas já nascem desprovidas das necessidades básicas. Passou a ser comum chamar psicopata a todos os criminosos. Os casos desse transtorno registrados nas elites são raríssimos, certo? Ou são altamente ignorados? Há estudos que assemelham o número de psicopatas na direção de empresas ao existente nas prisões.

É preciso separar a psicopatia clínica de meras terminologias coloquiais. Há casos verdadeiros desse transtorno (que a psiquiatria reluta em considerar doença) dentre tanta barbárie noticiada diariamente. Mas chamar psicopata a todos os criminosos é perigoso, uma vez que se está decretando um estado psicológico que, se confirmado, deve ter tratamento adequado. A relação feita entre tal quadro clínico e a pobreza é uma forma muito cruel de estigmatização social. Estima-se que a presença de psicopatia na população geral ronde os 4% (com maior incidência sobre os homens), podendo ultrapassar os 60% em ambientes prisionais. Mas o que a despoleta? Ou melhor, quais as consequências sociais da pobreza e da exclusão?

Um modelo punitivo minimamente sustentável deve distinguir quadros clínicos de desvios comportamentais causados por ambientes degradados e deve configurar uma tentativa de recuperação dos indivíduos. Aglutinar gente com sérios problemas mentais ou comportamentais em selas sufocantes e carcomidas só garante a gravidade da situação. Esperam realmente que delas saiam cidadãos arrependidos e conscientizados? Jogaremos adolescentes no meio de adultos e esperaremos o quê? Que se recuperem? Que morram lá dentro?

A impunidade e a negligência do Estado são igualmente condenáveis. Mas o caráter punitivo deve diferir. E quando falamos em impunidade, devemos perceber que ela está ligada sobretudo às classes mais altas, porque um país com o quarto maior contingente carcerário do mundo e que praticamente triplicou este mesmo contingente nos últimos vinte anos não pode ser nenhum antro de impunidade. Muito pelo contrário, até. O problema é a abordagem *espetacularizante* que a mídia cria em torno da criminalidade.

A solução seria construir mais presídios?

Respondo com uma analogia: resolveremos os problemas do trânsito com mais avenidas ou com transporte coletivo de qualidade?

No caso, a educação e a redistribuição de renda seriam o transporte para uma sociedade mais avançada e socialmente sustentável e inclusiva. Ninguém falou que a solução seria mágica e rápida. Ela implica mudanças sérias nas abordagens à questão. Se fosse fácil de resolver, o problema não seria tão grave.

Por fim, dirijo-me aos justiceiros de plantão, aos *vingacionistas* que defendem uma postura de dente por dente e olho por olho: coloquemos um pedófilo, estuprador e assassino frio solto numa praça cheia de gente que sabe o que ele fez. O que resultar disso indicará com exatidão o nível de desenvolvimento do povo em questão e o quão potencialmente criminoso ele é.

Um desfecho inconclusivo:
pontos de partida e constatações

O problema da criminalidade requer uma ação urgente dos agentes sociais e políticos envolvidos com competências das diversas áreas que dialogam com ele. As suas consequências são alarmantes e afetam diariamente um país que se acostumou a conviver com a violência. Essa afetação vai além das vítimas diretas e estabelece um estado psicológico alterado em quem tem de lidar com a insegurança. É um assunto deveras sério para ser contaminado por quem não tem uma real intenção de combater a raiz do problema. O debate precisa ser desenvolvido em níveis construtivos e eficientes de discussão para ultrapassar de uma vez por todas o rasteirismo e não se moldar em demagogias. É preciso que as pessoas percebam que aquelas velhas frases de efeito batidas, que não passam de apelos emocionais, como *"e se a vítima fosse alguém da sua família?"* ou *"quem tem pena de bandido que o leve para casa"*, além do *clássico "bandido bom é bandido morto"*, não são sacadas argumentativas. São exatamente o contrário: configuram a negação da argumentação estruturada em um adequado exercício racional.

É urgente que as pessoas tenham capacidade de debater a questão para que possam participar do esforço em encontrar soluções. Se os cidadãos não são capazes de tratar o tema, ele estará a cargo de elites tecnocratas e qualquer projeto de sociedade minimamente democrático deve invariavelmente envolver os cidadãos na resolução dos seus problemas. A presença de especialistas é fundamental, mas eles não podem estar alienados do povo. Isso só agravaria o cenário a partir da desconfiança. Portanto, a situação atual é dramática quando constatamos que o apelo popular tem assimilado o discurso que apregoa métodos antidemocráticos que ferem o Estado de Direito. A existência de representantes políticos que negam a própria política e a própria concertação em nome de pseudo-soluções rápidas, simples e populistas é um entrave ao debate construtivo, mas não pode ser simplesmente ignorada. É preciso que se faça frente a esses elementos oportunistas que retiram dividendos políticos das emoções alheias. Quanto mais acesso a população tiver à informação de qualidade, aos estudos científicos, menos amplificada será a voz desses elementos, porque ela se ecoa exatamente na ignorância, nas lacunas de conhecimento. O povo deve participar ativamente do debate, mas para isso deverá estar preparado para ter uma atuação equilibrada. A vulnerabilidade intelectual é o que os torna instrumentos de manobra de quem pretende promover a barbárie apelando à *vontade popular*. Esse cenário de participação popular equilibrada parece utópico: recentemente uma chacina numa prisão em Manaus motivou comemorações efusivas que se apoiaram na grotesca ideia de *violência de bem* para varrer o problema para baixo do tapete e reacendeu um debate que de fato nunca esteve adormecido. O debate acirrado existe porque há gente que compreende a necessidade de garantir os direitos humanos e o Estado de Direito, mas a balança tem pendido para o lado da barbárie e urge reverter essa situação não com confrontação raivosa, mas com uma postura pedagógica e informativa, apelando ao bom senso, mas também apresentando efetivas políticas de melhorias na qualidade de vida. É preciso que os estudos sérios sobre a criminalidade sejam difundidos e passem a ocupar o espaço do *achismo* e do *revanchismo*. A tarefa é de todos: do poder público local e federal, dos acadêmicos e dos jornalistas, embora seja difícil esperar algo positivo de agências que utilizam a espetacularização da criminalidade como estratégia de audiência – quanto mais for difundida a ideia de que a realidade é um filme de ação, mais os cidadãos reivindicarão medidas espetaculares imediatas, criando personagens do bem e do mal para justificar um clima de confrontação no qual, aliás, só perde quem tem de fato algo a perder).

A barbárie não interesse a ninguém que tenha uma visão pacifista e harmoniosa da sociedade. A atuação fora do Estado de Direito implica a normalização da violência e num cenário desses os próprios justiceiros poderão justificar as suas atrocidades com base em interpretações subjetivas moldadas pela emotividade. Enquanto não houver uma real compreensão de que quem lincha um criminoso é igualmente criminoso, o problema continuará sem solução. Sabemos bem que a complexidade das interações humanas num país com fortes discrepâncias é um terreno fértil à violência sectária: é o homofóbico que, *justiceiramente*, espanca o homossexual por considerá-lo uma aberração; é o homem que abusa da mulher simplesmente por uma questão de papel histórico; é o indivíduo que maltrata animais por considerar suas vidas inferiores e menos *sagradas*; é o policial que já entra nos ambientes de exclusão com a ideia pré-concebida sobre a população negra; são indivíduos cansados da exposição ao risco que desferem sua fúria acumulada contra o larápio reincidente que furta insignificâncias materiais. Há inúmeras situações em que a atuação da *justiça* imediata de uma população vingativa e embrutecida pode perpetuar as suas próprias *barbáries justiceiras*. A concretização desses atos por quem incorpora discursos populistas de ódio enche de culpa os próprios autores desses discursos. É por isso que temos de afastá-los do debate público não pela censura, mas reforçando uma argumentação consubstanciada que talvez a médio prazo consiga remetê-los ao ostracismo, à irrelevância, para que deixem de ser ouvidos. Paralelamente, devemos exigir dos representantes públicos medidas eficientes de mitigação da pobreza e de segurança pública, sempre dentro do Estado de Direito e com sensibilidade social.

Esta sucinta obra é um pequeno contributo ao debate sério e preocupado. Não ofereço soluções mágicas, mas apresento um ponto de partida que, embora elementar, me parece razoável. A ideia principal é que não se faz paz com guerra e não se combate violência com brutalidade. Também não se constrói uma sociedade saudável e pacífica negando o acesso da maioria da população a uma vida digna. Há uma guerra de classes travada no Brasil. As ruas são o cenário das suas batalhas. A criminalidade é o produto mais explosivo das injustiças sociais. Ao falar em direitos humanos, não me refiro apenas a métodos punitivos. É algo muito mais abrangente: direitos humanos implicam necessariamente o reconhecimento das condições básicas de vida dos indivíduos. A curto prazo podemos aparar os galhos do problema, mas a luta já começa perdida se não tivermos a sincera intenção de eliminá-lo pela raiz. Saber identificar essa raiz é um desafio gigantesco no meio de uma fumaça intoxicante que impede uma visão ampla do contexto socioeconômico, mas nos darmos por vencidos não é uma opção.

A abordagem deste livro tem como foco o entendimento público sobre as origens da criminalidade e o tratamento das suas consequências, salientando sempre a importância dos direitos humanos e de um debate público racional e equilibrado. A falta de referências à atuação policial é propositada. Este já é um assunto deveras delicado e falar da polícia implicaria um aprofundamento em questões que suscitam ainda mais discórdia. Há vários estudos que mostram a insustentabilidade de uma polícia militar que atua obedecendo a uma lógica de guerra e vê em cada cidadão um potencial inimigo. O fato de a polícia brasileira ser a que mais mata e a que mais morre no mundo é um indício inequívoco de que é necessário reorientar a lógica de atuação dos corpos policiais, começando pela sua desmilitarização, um processo que já é discutido e terá inevitavelmente de ser levado em conta. Este é um tema para um outro livro inteiro que aprofunde o problema da brutalidade policial e sua ineficácia no combate à criminalidade, o que foge ao objetivo central deste livro. Reitero que políticas de mitigação da pobreza e da exclusão social devem ser alavancadas paralelamente a políticas de segurança de aparatos que saibam respeitar o cidadão e que compreendam a necessidade de se atuar dentro do Estado de Direito. Alcançar essa meta depende do próprio entendimento de um povo que se acostumou por um lado a temer a polícia e por outro a aplaudir as suas ações ilegais que configuram autênticas atrocidades e retiram a credibilidade do Estado enquanto promotor de segurança pública.

Nota do autor

Numa edição do programa *Fla-Flu* da Folha de São Paulo, em 2016, antagonizando-se à então presidenta da União Nacional dos Estudantes, o *ativista* dos interesses das elites brasileiras, Kim Kataguiri, afirmou que as escolas públicas são centros de recrutamento de traficantes. O deputado Jean Wyllys já o havia classificado de *analfabeto político mirim*. Kim parece fazer questão de passar a vida dando-lhe razão. Decidi pegar nesse seu arroubo de boçalidade para falar um pouco da estigmatização que as elites impõem aos jovens pobres do Brasil.

Estudei em sete escolas antes da universidade. As duas primeiras eram privadas, mas a partir dos nove anos só frequentei estabelecimentos públicos. Cinco, ao todo. Alguns decadentes e carcomidos, em ambientes de forte exclusão social. Eu era o branquelo ruivo no meio de uma maioria de negros favelados. Costumo contar sempre aos meus amigos europeus a história marcante do meu primeiro ano no colégio de primeiro grau Tancredo Neves em Aracaju. Inicialmente, tudo me dava medo. Do caminho até ele ao seu aspecto e condição. Sentia-me presa fácil, mas logo na primeira semana eu já me havia tornado mascote da galera. Todos me adoravam. Sempre fui muito mais respeitado no ambiente escolar do que nos entornos de onde residia.

Conheci muita gente com sorte distinta. Uns poucos não tiverem forças suficientes e entraram na vida do crime não devido à escola, mas à realidade degradante em que cresceram. Alguns mataram; outros morreram. A grande maioria seguiu sua humilde vida tendo o acesso à educação sabotado pela sociedade. Vários, com seus 13, 14 ou 15 anos, já eram obrigados a conciliar os estudos com trabalhos tão miseráveis que espero não mais existirem. Mais cedo ou mais tarde acabariam de vez preenchendo os postos laborais menos reconhecidos e prestigiados. São os genuínos heróis de um martírio inconsequente.

Intelectualmente, aprendi muito pouco nas escolas públicas. Sucateadas e desprezadas, sempre possuíram um nível rasteiro. Mas inversamente proporcional ao conhecimento adquirido foi a quantidade de amizades feitas. Algumas duram até hoje, mesmo tendo-me estabelecido na Europa. Conheci algumas das pessoas mais amigáveis, inteligentes e humildes na escola pública. Pessoas que, em função das circunstâncias, aprenderam a viver uma vida cheia de remendos e improvisos, o que lhes rendeu uma refinada capacidade extra-escolar inacessível a *playboys* de *Kinta Kategoria*.

Senti-me insultado por esse sujeito pedante, mas ao mesmo tempo senti-me sortudo pela experiência de ter estudado em locais que me deram acesso direto e irrestrito à realidade de uma enorme parcela de crianças e adolescentes brasileiros, enquanto ele não faz mais do que repetir trechos de livros que nunca leu. Muito mais do que genuína preocupação com a formação dos jovens, o que ele quer é alimentar o ego da sua visão de gestão privada dos direitos humanos mais básicos.

A escola pública não fabrica traficantes. Ela fabrica mão-de-obra acrítica para ser explorada pelo capitalismo selvagem que esse sujeito defende com seus arroubos arrogantes. Ele reflete com perfeição o preconceito das elites contra um povo que é obrigado a se virar em ambientes sociais marcadamente degradantes de corpo e de espírito. Ambientes que fabricam criminosos a partir da humilhação e do desespero. Fui amigo de pessoas que viriam a cometer homicídios e que viriam a morrer na mão de outros criminosos ou da polícia. A escola pública aglutina vários tipos de mentalidade e de realidade em seu espaço, porque a maioria dos cidadãos pobres vive uma vida de martírio social e não de criminalidade ativa. Nada justifica a ação criminosa, especialmente as mais graves que atentam contra a integridade de outrem. No entanto, figuras como Kim Kataguiri não têm qualquer moral ou conhecimento empírico para julgar os jovens brasileiros afundados na exclusão e aliciados pelo crime, uma vez que representam tudo o que tende a agravar essas situações de vulnerabilidade psicológica de pessoas que sentem desde muito cedo as amarguras de um mundo cruel. O ambiente escolar nesses contextos é fundamental para salvar vidas. Não apenas a das potenciais vítimas da criminalidade, mas também a dos próprios potenciais criminosos, que podem ser resgatados pela educação antes de se perderem definitivamente. Ofender a escola pública é ofender a juventude brasileira e sobretudo é atentar contra o que existe de possibilidade – embora rudimentar – de afastar os jovens de comportamentos violentos e criminosos. A educação é um direito humano (para Kim é um negócio), como a segurança. Ela pode ser um elemento positivo de formação social dos indivíduos e é assim que precisa ser tratada, para que potencialize a sua capacidade de combater pela raiz a criminalidade.